AF509374

ESSAI
SUR L'OPINION,

CONSIDÉRÉE comme une des principales caufes de la RÉVOLUTION de 1789.

TABLE

DES CHAPITRES.

DE L'OPINION
EN GÉNÉRAL.

L'OPINION *est la reine du monde ;* il n'y a personne qui n'ait souvent répété cet axiome, depuis l'étonnante révolution qui vient d'ébranler la France, jusques dans ses fondemens ; cette révolution n'est que le résultat d'une opinion dès long-tems conçue, lentement communiquée, & propagée avec explosion dans toutes les têtes, par l'acte de despotisme apparent (1) qui osa la choquer.

J'écris sans ordre, sans méthode, au gré de mes idées, qui se pressent & s'accumulent sur cet objet.

Le besoin d'écrire, naît de celui de penser.

Les passions gouvernent les hommes ; l'opinion qui en est le fruit, doit, selon moi, se diviser en deux especes principales & bien distinctes, que chacun sent

____

(1) Le rassemblement de l'armée auprès de Paris.

en foi ; favoir , l'opinion dominante , à laquelle on cede , & l'opinion particuliere de chaque individu. La premiere naît d'une maffe quelconque de préjugés ; la feconde a prefque toujours pour fource & pour bafe, l'intérêt perfonnel & la vanité.

Comment définiroit-on l'opinion dominante ? Il me femble qu'elle n'eft autre chofe qu'une conformité fecrete de penfées , de maniere de voir , de fentir , entre plufieurs individus , fur le même objet.

L'opinion tient au Gouvernement ; elle en dépend tant qu'elle ne le change pas ; c'eft elle qui régne fouverainement , qui gouverne tous les efprits ; & quand le tems ne la détruit pas , il ne fait que l'affermir : que fa bafe foit réelle ou fictive , qu'elle porte fur la raifon ou fur la folie , elle ne s'établie pas moins avec force , & fon empire eft également puiffant.

Parcourez tour-à-tour les peuples fauvages , ou les nations les plus policées , vous trouverez par-tout une maffe quelconque de préjugés , d'opinions reçues , d'autant plus refpectable , qu'elle eft l'enfemble , la réunion incalculable du fentiment , & de la volonté de chacun.

Le fentiment devient en quelque forte pour chaque *individu* , une propriété , une émanation de foi , (ou du moins qu'on croit telle) & à laquelle on tient par fa fource même.

Cependant , rarement notre opinion vient entiérement de nos propres réflexions ; (je dis même chez les plus grands hommes) prefque toujours elle nous fut communiquée ; on nous commande les préjugés dès notre enfance, on catéchife notre raifon, on la crée ; il en réfulte dans l'âge mûr un corps d'opinions que les efprits actifs analyfent eux-mêmes , & que les efprits pareffeux adoptent fans les juger.

Dans ces deux cas , on tient également à celle à laquelle on s'eft fixé.

Domine-t-elle un efprit auffi borné qu'inactif ; il fait fi peu la fource de ce qu'il croit, de ce qu'il penfe, que d'ofer feulement y réfléchir, la difcuter avec lui-même, lui paroît un crime.

Gouverne-t-elle au contraire un efprit médiocre, mais ardent, fans pouvoir fe dépouiller plus que le premier des préjugés de l'enfance, il cherche en lui-même des points d'appui, des bafes à fa conviction ; & fon amour propre, après quelques rapprochemens d'idées, donne le nom de fyftème d'opinion fixe à tout ce qu'adopte fa crédulité.

Tout homme fage frémit en faifant ces réflexions ; en fe difant à lui-même, que ces opinions, qui dirigent toutes nos actions, tous nos jugemens, fouvent nos moindres paroles, naiffent plus fouvent des préjugés reçus & de la réaction des paffions qui nous entourent, que d'une conviction acquife par une profonde médiation.

Puifque la penfée eft le don précieux auquel l'homme doit toute fa fupériorité, toute fon énergie, toute fa dignité, à quoi le réduit-on, fi tant de caufes peuvent enchaîner fes plus brillantes facultés ! s'il eft auffi peu lui-même ; en un mot, fi fes opinions font auffi rarement à lui ?

Les plus célebres légiflateurs ont tellement fenti le danger du vice que je développe, que les loix fages qu'ils ont établies fe font même étendues jufqu'à l'éducation.

Dans un gouvernement où le pouvoir arbitraire eft fans limites, peu d'individus étant deftinés à parvenir aux places, aux premiers emplois, l'éducation tient moins à la chofe publique; le peuple attend du hafard, de l'intrigue ou du caprice, des miniftres vertueux ou méprifables; il fe borne à faire des vœux pour que la claffe privilégiée dans laquelle on choifit fes maîtres, fente la néceffité de rendre fes enfans dignes des hautes deftinées auxquelles ils font appellés, par l'étendue de leurs lumieres & la juftefse de leurs opinions.

Mais dans un pays libre, l'éducation de la jeuneffe eft du reffort du gouvernement; chaque individu pouvant parvenir à tous les emplois, chaque famille doit compte à la nation des vertus, des vices, des préjugés, des opinions qu'elle communique à fes enfans; la liberté même exige que perfonne n'ait la faculté de fouftraire fon fils à l'éducation publique; nul citoyen, quelque vertueux qu'il foit, ne peut obtenir affez de confiance pour qu'on lui laiffe enfévelir dans fon intérieur les principes, la morale, qu'il *infpire* à un être qui peut un jour devenir dangereux pour le bonheur public; fes fyftêmes, fes opinions à venir, appartiennent à fa patrie.

Je laiffe à des plumes exercées le foin

de développer les grands principes fur lefquels doit repofer le régime des écoles publiques ; qu'il me foit feulement permis de dire, que fi, comme il y a lieu de le craindre, on veut faire de la France une république (gouvernement qui ne lui convient nullement), l'on ne fauroit trop tôt s'occuper de ce travail important ; & qu'au moment où le flambeau de la morale & de la philofophie a fait briller, aux yeux de nos légiflateurs, les grandes vérités qui les éclairent, l'on ne peut fans inconféquence expofer plus long-tems les organes de la jeuneffe, à retenir des préjugés que nous avons détruits.

De l'influence de l'opinion.

Fᴜᴛ-ɪʟ jamais d'exemple plus mémorable de l'influence de l'opinion, que la révolution qui vient de fe paffer fous nos yeux ! une maffe impofante d'antiques préjugés, dès long-tems établis, & prefque confacrés en France ; attaqués par les philofophes d'une maniere lente,

mais

9

mais fuivie ; & enfin fappée dans fes fondemens , & renverfée en trois jours par une grande fecouffe ; voilà toute l'hiftoire de la révolution.

Que l'on ceffe de répéter cet ab-furde lieu commun ; fi le Roi *eût pris tel parti, s'il eût choifi tel Chefs , tel Miniftre , la révolution ne feroit point arrivée......*

Quand une opinion s'affied dans toutes les têtes ; quand elle eft fondée fur l'idée fauffe ou vraie du bonheur de chaque individu ; quand elle eft pré-fentée , depuis long - tems , par des plumes fortes & féduifantes ; quand cette opinion vient à la fois flatter l'intérêt & la vanité de la claffe la plus nombreufe de Citoyens , il en réfulte une coalition d'idées incalculables , un enfemble de volontés auxquelles nul pouvoir , nul digue quelconque , ne peut s'opofer ; en un mot, la révolution pouvoit d'autant moins être prévenue , qu'elle étoit faite dans tous les efprits , avant d'avoir pro-duit fon explofion.

Ce que les gens peu éclairés ont ap-pellé la révolution, n'en étoit que la crife ;

le mal moral (1) étoit bien plus effrayant, bien plus dangereux que ces infurrections populaires, fans énergie, alumées par les paffions des uns, par l'argent des autres, & que la pareffe ou la crainte venoient éteindre prefque auffi promptement qu'on les avoit excitées.

Que l'on fe rappelle l'infurrection des troupes ; certes, l'argent a beaucoup fait fur l'efprit des foldats ; mais plufieurs d'entre eux ont cru qu'ils quittoient la mauvaife caufe pour la bonne ; je ne fais même fi l'on eût obtenu de ceux qui étoient reftés fideles, d'employer la violence contre les factieux. Ainfi donc, l'armée fe divifoit en deux parties inégales ; la premiere, & la plus nombreufe qui abandonnoit le roi ; la feconde, qui lui reftoit fidele, & vouloit bien employer fon bouclier pour lui, mais non pas fon épée. On retrouve encore là l'influence de l'opinion ; mais remontons à l'origine de tous nos malheurs, & faifons une efquiffe rapide des triftes effets produits par le choc des opinions

____

(1) Ce ne font point des lions qui ont renverfé le trône, mais des infectes qui en ont infenfiblement rongé la bafe.

& des préjugés dès le commencement de l'affemblée nationale.

La noblesse, imbue depuis long-tems de ces opinions enracinées, de ces pré-jugés non raisonnés qui nous égarent toujours, ne cessa d'accumuler fautes sur fautes, erreurs sur erreurs ; c'est de cette source inouie de déraison, de vanité, qu'est née la fameuse discuf-sion d'opiner par tête ou par ordre. Ah ! si la nobleffe avoit eu plus de véritable élévation que d'orgueil, plus d'inftruction, de logique, de consé-quence dans sa conduite, que d'inco-hérence dans sa marche & dans ses idées !

Que de maux elle nous auroit évités quelle force elle mettoit de son côté, en difant au tiers-état : *nous fentons que pour la création des loix, l'opinion par ordre eft inadmiffible ; la connoiffance des hommes fuffit pour nous faire prévoir que l'édifice que nous voulons élever, ne peut être le réfultat de deux chambres ; que toujours l'une rejettcroit ce que l'autre auroit propofé ; mais jurez-nous de nous conferver nos droits honori-fiques, de rétablir deux chambres dès que la conftitution fera faite ; & de* ce moment , nous nous réuniſſons à vous,

Tel eût été , ſelon moi , le langage noble , impoſant , qu'auroit dû tenir un corps diſtingué, qui dans ce moment de criſe , ſacrifiant tous ſes priviléges pécuniaires , étoit fondé à vouloir conſerver ſont état. Mais quand le flambeau de l'amour propre ne nous éclaire pas , il nous éblouit ; ne point juger la circonſtance, le paſſé , & s'attacher à conſerver des opinions erronées , en reſter aux premieres erreurs de l'ariſtocratie ; tandis que l'opinion du plus grand nombre avoit fait des pas de géants vers la deſtruction des abus ; enfin, n'être , ſous aucuns rapports , au niveau de ſon ſiecle , voilà les véritables ſources des fautes irréparables de la nobleſſe , & de ſon anéantiſſement.

Quel coup le tiers - état pouvoit-il lui porter, ſi, comme je l'ai déja dit , l'enchaînant d'avance par un engagement ſolemnel , elle eût d'elle - même ſacrifié tout ce qui ſe lioit eſſentiellement au bien public ; & voulu conſerver en même - tems ce qui caractériſoit ſa dignité, ce qui tenoit d'une maniere immédiate à l'eſſence de la Monarchie ? (car on ne peut contefter qu'un feul ordre eft à une république , ce que les ordres diftincts , font à cette forme de gouvernement.)

En vain ce tiers - état fi vanté pour fon adreffe , pour fon efprit , pour la conféquence effrayante de fa conduite , eût voulu l'attaquer , la nobleffe n'eût pas été une foible victime facile à immoler , mais un corps refpectable par fa conduite préfente , par fes fervices paffés , par fon enfemble impofant, & même par un refte d'antiques préjugés que rien ne pourra détruire dans l'opinion.

Au lieu de cela , qu'a-t-elle oppofé à fes ennemis dans le commencement de leur affemblée ? (ne craignons pas de le répéter) une réunion abfurde, révoltante fur de faux principes , peu de tems après une divifion totale fur une démarche néceffaire, ce qui forma deux partis entiérement oppofés ; favoir, la majorité compofée de tous les royaliftes , qui ne connoiffant pas même la bafe & le but de leur fyftême , prenoit l'entêtement pour du caractere , & leur vieux préjugés pour des principes,

La minorité compofée de gens un peu plus éclairés , mais fuivant plus dans leur conduite, leurs paffions , leur efprit de parti , leurs haines particulieres , & le défir de faire parler d'eux , que leur patriotifme & leur fecrete conviction.

Le tiers-état après avoir fuivi une marche conftante, uniforme , conféquente, s'étant conftitué *affemblée nationale* , l'ordre de la nobleffe fe réunit à lui , non par un fentiment volontaire & unanime de l'amour du bien, mais par une coupable méfintelligence , un entraînement individuel , irréfiftible , comme ces rochers , qu'un torrent parvient à déraciner, & qui fe précipitent en débris dans fon cours.

C'eft une chofe bien remarquable fur l'influence de l'opinion, que la conduite de la nobleffe dans les deux occafions politiques , où elle eût pu développer fes prinpes , & fon caractere !

A peine M. de Calonne eut-il raffemblé les notables pour difcuter les grands intérêts de l'état , que le roi & fon autorité n'eurent pas de plus grands ennemis que ces mêmes courtifans , qui devoient tout à fes bontés. Les maires des différentes villes , que l'on avoit raffemblés , parloient plus réfpectueufement du roi , déclamoient avec moins d'ai-greur contre les abus , que ceux qui les avoient caufés, qui en jouiffoient , & que la reconnoiffance & le devoir devoient enchaîner à jamais au parti de leur fouverain. Peut-on fe méprendre au motif d'une conduite auffi inattendue ?

L'empire feul de l'opinion de l'amour propre les avoit égarés; ils craignoient que la France entiere ayant les yeux fur eux , ne les foupçonnât d'une foibleffe coupable , peut-être même d'être féduits ; ils préférerent la certitude de l'injuftice & de l'ingratitude , à l'apparence incertaine de la corruption. Auffi la nobleffe développa-t-elle d'autres principes à l'ouverture des états-généraux , ne fe voyant plus feule chargée de la reftauration de l'état , n'étant au contraire que la plus foible partie des légiflateurs , l'opinion générale ceffa d'influer fur fes opinions particulieres.

Les abus qu'elle avoit attaqués dans l'affemblée des notables , lui parurent alors facrés , devinrent prefqu'à fes yeux un domaine que l'on vouloit lui ravir ; en un mot , l'orgueil fut la feule bafe de sa conduite, & l'intérêt personnel le but de toutes ses démarches.

Combien on retrouve encore l'influence de l'opinion dans la destruction du clergé !

Peut-on croire que le tiers-état eût seulement osé l'attaquer, je ne dis pas dans ces siecles de barbarie où les prêtres régnoient par notre ignorance), mais même, sans nous porter dans des tems aussi reculés, sous le regne du feu roi, où la religion, cessant d'être un mystere imposant, ne paroissoit malheureusement plus qu'un culte de convention, que voiloit une loi reconnue nécessaire ? penser seulement à dépouiller les ministres des autels, eût paru une profanation, eût choqué les préjugés du peuple, l'eût révolté ; il falloit attendre que la philosophie fit germer ses principes hardis jusques dans la derniere classe des citoyens, pour leur montrer le clergé, non comme un corps respectable, fécond en ressources, utile sous beaucoup de rapports à l'état, mais comme un abus sans borne, un espece d'impôt onéreux à la nation, qu'elle devoit s'empresser de détruire ; oubliant qu'en partageant ses revenus,

elle

elle les anéantiſſoit. De même que ces ſources profondes & abondantes , où tout le monde vient puiſer des eaux ſalutaires , mais que l'on tarit en peu de tems par mille canaux qui les partagent , & dans leſquels ces eaux ſe perdent , ſans même pouvoir les remplir.

Ainſi donc, grâce à la verſatilité de nos opinions , on aura vu la religion dans le même royaume , faire répandre des flots de ſang ſous Charles IX ; déshonorer un regne éclatant par la révocation de l'édit de Nantes ; tomber dans l'oubli ſous Louis XV ; & n'être plus ſous celui de Louis XVI, qu'une foible victime que la philoſophie dédaigne d'immoler , parce qu'elle ne la craint plus , parce qu'elle ne peut pas même un inſtant ſuſpendre ſes progrès.

En comparant les différentes manieres de voir ſur les mêmes choſes dans la ſucceſſion des tems , convenons que nos opinions ſont comme des patrimoines que nous laiſſons à nos deſcendants ; rarement les conſervent - ils tels qu'ils les ont reçus de nous. Les uns les augmentent , les autres les diviſent, les morcelent ; le haſard , les circonſtances influent diverſement ſur elles , & tom-

bant toujours dans les extrêmes , nos
paffions les affurent, ou n'en laiffent aucuns veftiges.

Il exifte cependant des opinions ,
(même fondée fur des préjugés) que
peut-être l'on peut atténuer , mais fans
pouvoir entiérement les détruire ; telles
font celles auxquelles le tems ajoute
encore un degré d'eftime & de vénération , au lieu d'avoir la puiffance de les
changer.

Telle eft la nobleffe, ne vivant que
dans les fouvenirs , elle peut perdre fes
priviléges , être anéantie dans la forme,
mais jamais dans l'opinion. Un journal
très-piquant a dit (1) ingénieufement
qu'elle reffembloit *à ces vieilles mon-
noies , que le tems convertit en médail-
les.* En effet , fi les événemens du préfent , de l'avenir , trompent fi fouvent
tous nos calculs , tous nos projets , ceux
du paffé en dépendent encore moins.
Le tiers qui dans fes entreprifes hardies ,
s'étoit jufques-là conduit avec un calcul
profond , en attaquant la nobleffe , a
montré peu de fens , quand il a paru
croire qu'il enféveliffoit cet ordre dans
l'oubli , comme fes priviléges.

____

(1) Journal politique national.

Qu'importe que l'on brûlât ſes titres, que l'on détruisît ſes archives ; l'hiſtoire, les ſtatues, les marbres des tombeaux, les armoiries les rappelent ſur l'or, ſur l'aïrain, ſous mille & mille formes ; tout ne retrace-t-il pas ſans ceſſe ce qu'inutilement on veut anéantir ? ces titres mêmes que l'on déchire encore dans les châteaux, ſe ſont reproduits à l'infini par les traités, par les alliances ; (1) la vanité ſeule eût ſuffi pour en multiplier les copies.

Si l'inſtitution de la chevalerie, les hauts faits d'armes, les ſervices innombrables rendus à la France par la nobleſſe, & tranſmis de toutes parts à la poſtérité, n'euſſent pas été des titres aſſez ſûrs, aſſez brillans pour aſſurer à jamais à ſes deſcendans, une diſtinction forcée dans l'opinion même de ſes détracteurs.

Une choſe que tout obſervateur doit remarquer, c'eſt que dans cette révolution même, où le tiers a montré tant

---

(1) Nos troubles euſſent été au comble, la France eût été dévaſtée, que peu de tems de calme en eût fait retrouver la filiation comme après les guerres civiles.

d'animofité, tant de haine contre la nobleffe, il lui a rendu dans prefque toute
les occafions un hommage involontaire;
en effet, dans toutes les affemblées,
dans les nominations même des places
civiles les plus impo..antes, la nobleffe
a obtenu toute p.é.é.ence lorfqu'elle a
bien voulu ne pas heurter les efprits, ne
pas choquer l'opinion générale par une
morgue auffi coupable que dangereufe
& révoltante.

Finiffons ce chapitre par une grande
vérité : c'eft que tout ce qui tient au
laps de tems, préfente aux yeux des
hommes un cachet impofant qui, felon
l'objet qui les frappe, leur infpire le
refpect ou la curiofité. Telle eft donc
l'influence d'une opinion dès long-tems
établie, que dans le moment même où
l'égalité de droit vient d'être fixée parmi
les hommes...... Les familles anciennes
ou fimplement illuftrées, non-feulement
infpirent toujours une forte de vénération fecrete, & de déférence appa-
rente, mais même à mérite égal, obtien-
dront fouvent encore, comme par le paffé,
les diftinctions & les préférences les
plus flateufes.

Du danger de choquer l'opinion dominante.

Depuis le simple particulier qui attaque dans ses discours l'opinion dominante, jusqu'aux ministres ou aux rois qui veulent la braver ouvertement, & la détruire par la force, tous également donnent une preuve de déraison que l'on peut même qualifier de démence ; de toutes les opinions reçues, la plus dangereuse à choquer, est celle qu'une effervescence quelconque place en un instant dans tous les esprits : plus en France qu'ailleurs, l'opinion est aux principes de morale ou de gouvernement, ce que la mode en est aux costumes, aux usages : on est ridicule en ne suivant pas l'une, imprudent & peut être proscrit, en résistant à l'autre.

Je le répete : on attaqueroit avec moins de danger une opinion dès long-tems établie, que celle qui domine nouvellement ; cette derniere est presque toujours soutenue par une espece de fanatisme, par un enthousiasme frénétique, qui ne calcule rien, qui n'écoute rien ; chaque prosélite se croit presque créateur du nouveau système ; il semble s'approprier l'opinion qui regne : les orateurs se multiplient ; les écrits fourmillent de toutes parts ; le peuple sur-tout esclave, aveugle de la circonstance & de l'effervescence du moment, devient le despote de tout ce qui l'entoure, & veut que ces opinions tyrannisent tous les esprits.

Combien nous devons gémir que la cour n'ait pas connu ces vérités ! elle n'auroit pas choqué l'opinion du plus grand nombre, par des projets (sûrement innocens) mais mal combinés ; elle n'auroit pas, dans un seul jour, mis le feu dans toutes les têtes.

Un roi qui rassemble des états-généraux, doit calculer qu'alors, s'il garde encore son titre, il vient au moins fondre dans la nation réunie la plus grande partie de sa puissance ; certes, le motif de Louis XVI n'étoit pas de faire des nouvelles loix, de changer la constitution de la France, en appellant son peuple près de son trône ; il vouloit que l'ensemble de tous les pouvoirs vînt sauver l'état ; mais il ne pouvoit se dissimuler qu'il existoit beaucoup d'abus ; que de toutes les parties de la France, ils caufoient depuis long-tems des plaintes, des murmures trop éloignés pour être entendus, mais auxquels il donneroit une force impofante en les rafiemblant près de lui..... Comment efpérer que tant d'individus réunis pour réparer les défordres du moment, ne fongeroient pas à profiter de leur pouvoir pour affurer leur avenir ? comment ne pas voir que du frotement des efprits, du choc des paffions, des opinions, devoit naître une divifion fatale ? comment enfin ne pas avoir fenti qu'en renvoyant un miniftre, l'idole de la nation, à l'inftant où tout étoit en fermentation, on embrâfoit les efprits ; & qu'en heurtant de front l'opinion générale, on les réuniffoit prefque tous contre l'autorité légitime ? qu'en un mot les miniftres, en décidant le raffemblement de l'armée, faifoient paroître le roi, non comme un chef prudent qui s'entoure de troupes pour préferver fa dignité d'une infurrection, mais comme un defpote qui veut immoler tout ce qui ne lui obéit pas.

Il faut choifir, ou de céder au torrent des opinions réunies, ou d'y réfifter : mais dans ce dernier parti, l'homme fage cherche à écarter les obftacles , & n'a pas la folie de vouloir inutilement les renverfer. Que diroit-on en effet de celui qui , voulant traverfer un bois touffu , chercheroit à arracher toutes les branches , à déraciner tous les arbres au lieu de les éviter, en continuant fon chemin pour marcher à fon but ?

L'art de combattre les opinions fans les choquer , eft un des plus difficiles , & feroit peut-être le plus néceffaire dans les circonftances où nous nous trouvons. Pourquoi dans toutes les affemblées , même dans le commerce ordinaire de la vie ; trouve-t-on autant d'aigreur , d'animofité ? pourquoi les converfations ne font-elles plus que des difputes indécentes ? pourquoi les gens les plus unis , les familles même finiffent - elles par fe brouiller en difcutant leurs opinions ? c'eft que nous ne connoiffons & nous n'obfervons aucunes des nuances de l'art de perfuader.

Ce n'eft pas de ce que l'on a une maniere de voir contraire à la nôtre , de ce que l'on veut même la combattre , ou nous ramener à un autre avis qui nous choque, c'eft de ce que l'on paroìt méprifer notre opinion , ne pas fe donner

ner

ner la peine de la difcuter ; en un mot ,
commander à nos penfées , au lieu de
les vaincre par la raifon & la féduction ;
la politeffe n'eft autre chofe qu'un traité
que nous faifons entre notre amour propre & celui des autres ; nous ne nous
fommes pas affez dit que cette politeffe eft à la fociété , ce que la modération doit être aux affemblées ; je dis
la modération , autant dans le choix
des penfées des expreffions , que dans
les inflexions de l'organe qu'on leur
donne pour les faire valoir. Croyez-
vous avoir une voix égale à celle de
mille perfonnes réunies qui vous entourent ? de ce moment parlez avec force,
tonnez ! la nature femble nous l'avoir
indiqué ; mais fi vous n'avez les moyens
que d'un fimple mortel , attendez de la
patience & de l'adreffe, l'efpoir de vaincre vos femblables.

Voilà la maniere de conquérir prefque toutes les opinions, & de n'en choquer aucune ; mais le choix de l'inftant où l'on attaque une opinion reçûe,
eft prefqu'auffi effentiel que le mode
à fuivre , pour la combatre ; ce n'eft
qu'avec le tems que l'on établit les opinions ; ce n'eft qu'avec le tems , que

l'on peut les détruire ; mais je le ré-pete , l'inftant de les ébranler , n'eft jamais que celui où ces mêmes opinions commencent à s'affoiblir. Si elles ont affez de force pour réfifter à vos atta-ques , vous ne faites que leur donner de nouvelles racines.

Quel eût été l'homme affez pré-fomptueux (1) pour vouloir renverfer, il y a quelques années, l'affreux préju-gé qui flétriffoit toute une famille pour le crime d'un feul ? en vain chacun eût approuvé fecretement ce fyftême , il eût révolté le plus grand nombre ; ceux même qui auroient été intérieurement de fon avis , foit par habitude , foit par différentes confidérations , fe feroient cru obligés de le condamner haute-ment (2) : il falloit attendre que

---

(1) Ceci me rappelle ce que me difoit un jour une perfonne remplie d'efprit.

Effayer de vouloir détruire tout-à-coup un pré-jugé, eft chercher à gravir une montagne trop ef-carpée ; quand on n'avance pas, on recule.

(2) C'eft même un effet bien inexplicable du préjugé que la foibleffe avec laquelle on lui cede, en fentant cependant que l'on doit le condamner.

les lumieres euffent étendu, multiplié leurs foyers, pour montrer, par leurs vives clartés, les vérités philofophiques dans tout leur jour; il falloit fur-tout attendre que l'égalité des peines, étant établie, eût réuni l'intérêt de toutes les claffes des citoyens fur cette grande queftion; certes, l'échafaud ne laiffoit pas une auffi grande tache à la famille d'un gentilhomme, que la corde à celle d'un roturier; ainfi donc, felon la claffe où naiffoit un homme, le hafard vouoit ou non fa famille à l'opprobre, s'il devenoit criminel. Cette idée feule révolte, indigne toute âme jufte & fenfible; maintenant qu'un même fupplice attend le coupable dans tous les états, tous font intéreffés à détruire l'infamie qu'on y avoit attachée; & tous ont également concouru à l'anéantir.

Mais, comme la nation françoife paffe toujours le but qu'elle s'efforce d'atteindre en voulant laiffer à la famille d'un criminel tout fon luftre & fon éclat, elle a pouffé l'exagération jufqu'à rendre au coupable lui-même, des honneurs que l'on eût à peine accordés au citoyen qui auroit rendu le plus grand fervice à la patrie. Auffi cette meiléance a-t-elle choqué le foible reſte du préjugé qu'on venoit d'anéantir ; (1) & ſi quelque choſe eût pu nuire à ſa deſtruction, c'étoit cette maniere de vouloir le renverſer.

Du rapport des opinions particulieres, avec l'opinion dominante.

UNE choſe fâcheuſe pour l'humanité, mais malheureuſement trop vraie ; c'eſt que preſque tous les rapports des opinions particulieres, avec l'opinion dominante, portent ſur l'intérêt perſonnel ; en effet, que l'on regarde autour de ſoi, l'on verra (qu'excepté quelques têtes vives, qui ſaiſiſſent avidement le ſyſtême du moment) preſque tous les

---

(1) Conſolons, honorons, ſi elle le mérite, la famille d'un criminel ; mais que cet hommage ne porte en rien ſur lui, qui n'a mérité que le ſupplice & notre oubli ; craignons, en le replaçant au ſouvenir des citoyens, que les gens délicats ne diſent : *ce n'eſt pas l'échafaud que ce nom nous rappelle, mais le crime dont il s'eſt ſouillé.*

autres adoptent les opinions nouvelles & dominantes, par quelqu'intérêt particulier : ces derniers font d'autant plus difficiles à ramener, qu'ils ont un trop grand facrifice à faire, en changeant d'avis; d'ailleurs, comment efpérer de convaincre un homme qui difpute de mauvaife foi? communément il remplace la raifon par les fophifmes; l'éloquence par les invectives; fouvent même, il finit par fe perfuader qu'il a foutenu fon opinion & fon fyftême, quand il n'a réellement défendu que fon intérêt caché.

Dans un fiecle de révolutions, il eft piquant pour un obfervateur d'examiner les fources, les caufes de l'opinion de chaque individu; parlerai-je d'abord de la foule immenfe de ceux qui, fans lumieres, fans caractere, prennent avec un peu d'efprit l'impreffion du premier qui la leur prête, & cherchent à la communiquer à d'autres pour en changer un inftant après? je le répete; cette efpece de gens eft innombrable; naturellement ils devroient être nuls; mais ils font plus de mal qu'on ne penfe; ils atténuent tout, ils dénaturent tout : les plus grandes vérités, après avoir paffé par leur bouche , perdent toute leur force & leur utilité ; que devient la meilleure cause, quand elle eſt ſoutenue par ceux qui ne l'entendent pas, qui n'y tiennent point , & qui ne peuvent qu'à peine la définir ? cette grande facilité que l'on a toujours eu en France de parler hautement de la choſe que l'on ſait le moins , devoit ceſſer avec le changement de gouvernement.

Si ce nouvel ordre de choſes ſe conſolide , l'eſprit agréable & futile a perdu ſon procès , & le regne du bon ſens pourra commencer.

L'on rencontre auſſi une eſpece de gens qui prennent preſque toujours par principe la theſe oppoſée à l'opinion dominante , ſoit par ſimple goût de diſpute , ſoit parce que le parti de l'oppoſition eſt ſouvent le plus piquant à ſoutenir ; ils font un tort réel aux progrès des lumieres ; d'abord, ils ont communément beaucoup d'eſprit; diſputant de ſang-froid , ils ſe livrent moins ; & s'ils ſentent le côté foible de leur cauſe , ils en ſont plus brillans , plus ſéduiſans en cherchant à l'orner de tout le preſtige de l'éloquence. Mais de tous ceux qui entrent en lice pour diſcuter l'opinion dominante, les plus coupables, à mon avis, font les efprits affez lâches, affez corrompus pour abandonner le parti qu'ils avoient embraffé en le regretant, fecréte-ment. Ce que l'on doit avant tout, à foi & à fes femblables, c'eft la vérité; la feule reffource de ces êtres méprifables, eft d'attirer dans le piege ceux qu'ils ont abandonnés. En faifant de nouveaux coupables, ils croient l'être moins; pouffés par leurs remords, ils difputent avec rage contre leur propre opinion, contre des vérités qu'ils voient toujours malgré eux, & qu'ils s'efforcent de couvrir fans ceffe de voiles épais que la juftice & la raifon foulevent d'une main courageufe. Ah! comment efpérer que dans ce choc incalculable d'intérêts perfonnels, de vanité, d'amour du bien, de préjugés, de fauffeté, de bonne foi, la vérité puiffe refter feule & triomphante!

En connoiffant l'imperfection humaine, bornons-nous à défirer, que lorfque nous nous raffemblons pour fixer des principes invariables, le combat ne s'établiffe jamais qu'entre les véritables opinions de chaque individu.

De la maniere d'établir une opi-nion dominante fur un objet.

LE grand art d'établir une opinion dominante fur un objet quelconqne, eft celui qui fait le plus d'honneur au génie des hommes. Tout chef de fecte , tout créateur d'un fyftême , d'une doctrine , a toujours été un être infiniment fupérieur aux autres. On ne fait ce qui eft le plus extraordinaire , le plus fublime de concevoir, ou d'exécuter des projets auffi vaftes qui fuppofent à un homme tant de profondeur dans les penfées , & d'énergie dans le caractere.

Le petit nombre d'hommes qui fe font acquis de la célébrité dans ce genre, ne nous ont pas communiqué leurs fecrets ; mais ce dont on ne peut pas douter, c'eft que leur premier but, & la bafe de leur efpérance, portant fur les moyens d'exciter fortement les paffions des hommes , pour s'en fervir à leur gré , ils ont calculé qu'ils n'en avoient que deux principaux

principaux, la religion & la chimere (1) de l'égalité & de la liberté.

Comme la bafe du caractere de tous les hommes eft un égoifme plus ou moins étendu , il faut pour leur faire adopter une opinion, qu'il en réfulte à leurs yeux, une fomme de bien-être dans le préfent , ou dans l'avenir qui tente leur ambition, ou qui flate leur vanité.

Cet efpoir une fois établi dans leur tête , le tems ne peut qu'alumer encore leur imagination ; & s'ils rencontrent quelqu'obftacles , quelques avis con-traires , ils ne s'en attachent que plus à leur maniere de voir. Rien ne fert plus l'opinion que l'on veut rendre dominante, que les différens chocs de celles qui lui font oppofées. Quand Mahomet voulut accréditer fa doctrine , ce célebre impofteur avoit remarqué dans fes voyages en Egypte, en Paleftine , en Syrie , &c.

---

(1) Je dis la *chimere* ; eft-ce l'égalité ? elle ne peut exifter dans la nature. Eft-ce la liberté. Si l'on parle de l'homme fauvage , il eft prefque toujours libre. Eft-ce l'homme policé ? il ne l'eft jamais. Il change de maître quand c'eft par fa volonté ; il a un inftant l'illufion de la liberté , jufqu'au moment où elle fe détruit.

une infinité de sectes qui se déchiroient mutuellement ; alors il crut pouvoir les réunir en inventant une nouvelle religion qui paroissoit avoir quelque chose de commun avec toutes les autres ; c'est à la faveur du désordre que le fanatisme s'éleve & se propage rapidement ; jamais les opinions nouvelles ne peuvent percer dans un gouvernement, où l'accord & l'ordre parfait leur présentent une résistance imposante ; mais dès que les ressorts de l'état commencent à se détendre, dès que l'ensemble cesse, chaque individu n'étant plus conduit, veut régner à son tour ; les esprits fermentent, les systêmes naissent : tout concourt à l'entiere dissolution ; les gens obscurs surtout sont interessés à la hâter ; ce n'est que sur un nouvel ordre de choses, que sur l'anarchie totale, qu'ils peuvent fonder leurs espérances pour s'élever & s'arracher à l'oubli. Si dans ce moment la nature produit un homme de génie, il saisit avec art l'opinion en faveur, l'orne de tout le charme de l'éloquence, de tout le prestige de l'intérêt du peuple ; & favorisé par les apparences d'un faux amour du bien, il soumet tout, & regne despotiquement ; je n'ai parlé encore que des révolutions produites dans les opinions, par le génie d'un feul ; il en exifte qui le font par le concours de plufieurs, par la réunion des circonftances ; telle eft celle dont nous venons d'être témoins récemment : des philofophes, des gens de lettres célebres, fans s'être donnés le mot, fans avoir eu pour but de faire une révolution ; guidés par la feule efpérance d'être lu & d'intéreffer, avoient écrit depuis long-tems fur les grands principes de philofophie & d'égalité.

Un homme d'une claffe obfcure lifoit-il, dans ce tems-là, le *contrat focial*, le *difcours fur l'égalité des conditions*, il n'y croyoit voir qu'une belle chimere qui flatoit fon amour-propre ; s'il étoit d'un caractere mécontent, il parloit dans la fociété avec un peu plus d'aigreur ce jour là ; & fi fa tête étoit facile à exalter, fon imagination s'alumoit, il tonnoit contre l'injuftice du moment, & paffoit pour un fou.

Cependant les écrits fe multiplierent, ils faifoient toujours impreffion fur les efprits, fans en produire fur les chofes ; les opinions de *Rouffeau*, de *Voltaire*, repofoient en quelque forte comme ces femences que la terre cache long-tems, mais qui doivent germer un jour. Tout-à-coup les abus étant à leur comble , & la déprédation des finances à fon dernier période , rallumerent les efpérances de ceux qui depuis long-tems attendoient un changement de gouvernement. Il fe forma une coalition démocratique entre plufieurs individus de la claffe innombrable des non-privilégiés ; la vanité , l'intérêt en furent la bafe ; quelques membres les plus médiocres de la nobleffe , qui, pour être quelque chofe , avoient pris le titre de philofophes , d'amis des noirs, d'économiftes, fe joignirent à cette fecte : on eut des conférences d'abord fecretes, bientôt publiques ; il ne s'agiffoit pas moins (pour le bonheur de tous) que d'introduire dans l'efprit du peuple , les opinions d'égalité, de liberté ; les avocats furent employés avec fuccès ; dans les cafés , dans leurs coteries , dans leurs plaidoyers , ils propageoient ces idées de bonheur apparent. Profitant des modes angloifes, ils répétoient qu'il falloit imiter ce peuple fage fur des chofes plus effentielles. Tels furent les premiers fondemens du projet des démocrates , pour établir l'opinion qu'ils profeffoient ; mais les circonftances les fervirent au-delà de leurs efpérances ; le roi , la reine , ceffoient d'être vus a Paris avec enthoufiafme ;

bientôt à force de se montrer sans pompe, ils obtinrent à peine du respect ; on accoutuma le peuple à les juger légérement, à oser même en parler d'une maniere indécente : plus de cour , plus de magnificence ; la simplicité des costumes mêla tous les états ; l'on fit mille fautes dans ce genre , qui paroissoient des minuties , mais dont les conséquences étoient incalculables, & dont les nouveaux sectaires profiterent avec une suite , une adresse presqu'impossible à exprimer.

Les choses en étoient à ce point, quand le roi , en convoquant les notables , & surtout les états-généraux , non-seulement alla au devant des projets des amis de la révolution, mais sembla même vouloir couronner par les succès leurs sourdes menées. Il ne s'agissoit plus alors de faire goûter au peuple les nouvelles opinions , elles étoient depuis long-tems en faveur;les mots de constitution, de liberté, de droits de l'homme , étoient dans toutes les bouches, faisoient fermenter toutes les têtes ; les chefs de la nouvelle doctrine avoient exalté, animé les esprits sur leurs principes, en raison des progrès de la dissolution de l'état ; aussi la grande crise de la révolution étoit-elle en quelque sorte préparée par eux avant même qu'ils l'euffent prévue ; mais le comble de leur habileté profonde fe retrouve dans l'é-tonnante invention du mot *d'ariflocrate*, qu'ils placerent en un inftant dans la bouche du peuple, & dont il fe fervit fans en entendre la fignification ;

Et la flamme à la main, couroient dans des combats;
Pour de vains argumens qu'ils ne comprenoient pas.

Pour exprimer fa rage contre ce qu'il appelloit fes ennemis, tous les calculs de la haine & de la méchanceté, réunis, n'eurent jamais d'effets plus fûrs & plus prompts ; par l'adoption d'un mot feul qui reffembloit à une opinion, on vouoit qui l'on vouloit à la rage de la multitude : châteaux, titres, forêts, tout étoit em-brâfé, détruit au feul foupçon de l'arif-tocratie. Et ce peuple toujours foible, inftrument des paffions de ceux qui favent diriger fes opinions, les lui faire adopter avec fureur, fe demande à préfent, qu'il eft plus calme : Qu'eft-ce que c'eft donc qu'un *arifocrate* ?

De l'art de fe fervir de l'opinion dominante.

S'IL eft difficile d'établir dans le peuple une opinion dominante fur l'objet qui intéresse , l'art de s'en servir pour ses projets , pour son élévation , demande une conduite encore plus profonde : un charlatanisme continuel , une hypocrisie dont peu de gens sont capables ; avoir l'air de ne s'occuper que de la classe la plus nombreuse , & n'étant dévoré secrétement que de l'ambition de régner sur elle ; lui apprendre à connoître sa force pour secouer le joug , & la lui faire oublier un instant après , pour qu'elle puisse prendre , sans s'en douter, d'autres chaînes : voilà le but difficile auquel le génie ou le hasard seul fait atteindre ; voilà ce dont nous avons vu quelques exemples dans l'histoire ancienne & même dans l'histoire moderne.

L'ambition n'est presque jamais couronnée que par l'intrigue ; soit un courtisan adroit que la cour comble de faveur, soit un chef de factieux qui devient l'idole du peuple , & que la multitude porte au faîte des honneurs & du pouvoir , tous les deux sur des théâtres différens , ont le même rôle à jouer , avec quelques nuances qui les distinguent.

Le courtisan , pour commencer sa fortune , doit d'abord fixer l'opinion sur son compte, non seulement dans l'esprit de son maître , mais dans tous ceux qui l'entourent ; de même le factieux doit jetter dans l'esprit du peuple les opinions qui peuvent lui servir un jour.

Tous les deux ont besoin d'une grande quantité d'amis , ou pour mieux m'exprimer , de créatures qu'ils s'enchaînent par une sorte de sentiment involontaire d'admiration, qu'ils prennent pour de l'attachement , par un dévouement fanatique que la supériorité inspire presque toujours aux têtes chaudes & médiocres. Il faut pour se servir de ces prosélytes foibles & aveugles , être toujours , selon son intérêt & la circonstance , au moment de les défendre vivement , ou de les sacrifier ; si l'un de ces partis coûte plus que l'autre , tout homme doit renoncer à jouer dans le grand , les rôles que je viens d'indiquer.

Le courtisan & le factieux doivent avoir tous deux un courage moral à-peu-près égal ; mais ce dernier a plus de besoin que l'autre , d'une bravoure à toute épreuve ; en songeant que l'idole du peuple aujourd'hui , peut devenir demain sa victime , il doit se voir à chaque instant dans les crises les plus périlleuses ;

le

le calme & le fang-froid peuvent feuls le fauver.

L'inftant le plus critique pour le factieux & pour le courtifan, eft le moment où l'un ou l'autre veulent fe fervir de la faveur qu'ils ont acquife pour s'élever aux premieres places, & pour réunir fur eux tout le pouvoir. S'ils courent un danger à-peu-près égal, ils peuvent employer les mêmes moyens pour s'en préferver. C'eft de paroître l'un & l'autre, foit auprès du roi, foit auprès du peuple, ne jamais oublier qu'ils font leur ouvrage, qu'ils n'ont d'exiftence que par eux, qu'ils ne font rien que pour eux, & qu'ils ne défirent les places importantes que pour les défendre, d'une maniere plus fûre & plus utile.

Rarement devient-on jaloux de fon ouvrage ; le peuple fur-tout fe plaît à élever encore plus ce qu'il a couronné ; pourvu que fon idole femble toujours vouloir fe rabaiffer jufqu'à lui, fe confondre avec lui ; de ce moment il ne voit dans ce coloffe qu'il éleve, qu'une partie de lui-même qu'il admire : tant que fa frenéfie dure, il ne le trouve jamais affez grand, jamais affez puiffant ; lui donneroit-il des chaînes, il les jugeroit néceffaires, & ne les verroit tiffues que de fleurs. Le défintéreffement eft encore une des qualités principales que le factieux doit avoir, & qu'il faut même qu'il affecte dans toutes les occafions. Il eft perdu s'il montre un inftant d'amour, foit pour les honneurs, foit pour l'argent; le voile fe leve, le peuple ne voit plus en lui qu'un homme qui fonge à fon intérêt; il perd toute fa popularité.

Le fafte eft encore une des chofes dont il faut qu'il fe préferve le plus; autant le peuple l'aime dans fes rois, dans fes maîtres naturels, autant il le choque dans ceux qu'il s'eft donné lui-même; il lui femble que l'idole qu'il vient d'élever, fe fépare trop de lui, quitte même fes couleurs par un luxe qui l'éloigne de fa fimplicité.

Louis XVI a fait une grande faute, en écartant le fafte de fa cour; il a hâté fa ruine, en détruifant fa maifon; Cromwel au contraire eût perdu la confiance du peuple & de fes foldats, s'il fe fut livré au luxe, & à la magnificence, dans le cours de fes coupables profpérités.

Un des moyens encore les plus puiffans pour les factieux de fe fervir de l'opinion dominante dans un tems de trouble, eft en prêchant le retour de l'ordre & la néceffité d'un chef pour la rétablir; de reparler fouvent avec une forte de vénération, de ces infurrections, qui ont amené le nouvel ordre des chofes ; en faifant de plus efpérer adroitement qu'on les laifferoit reparoître, fi les ennemis de l'état, vouloient effayer une contre-révoluion.

Cette marche eft d'autant plus sûre, que ce n'eft vraiment que la licence que le peuple aime fous le nom de liberté ; ne pouvant prêcher ni établir la première, il faut au moins prendre la feconde pour étendard ; c'eft une efpece de convention tacite, faite entre le peuple & fon chef.

Quel fpectacle piquant pour un obfervateur ! de voir dans toutes les révolutions, d'un côté les chefs de factieux, réprimant les défordres qu'ils avoient excités quelques momens avant, & prêts à les faire renaître, fi l'on vouloit renverfer leur puiffance.

De l'autre, le peuple ayant brifé fes fers ; forcé de reprendre d'autres chaînes, au nom de la liberté ; regrettant en fecret l'anarchie, & attendant avec impatience que l'intérêt de fes chefs puiffe la ramener. Du refte, toujours foible, toujours aveugle, toujours dupe, & prefque jamais heureux.

Voilà l'efquiffe rapide, des moyens qu'un ambitieux peut employer pour s'élever à l'aide de l'opinion dominante : réduifons la chofe à un principe , & difons avec Boffuet : l'art des factieux confifte à être les flateurs du peuple , comme les courtifans font les flateurs des rois.

Conclufion.

Toutes ces réflexions fur l'opinion , doivent nous ramener à ce réfultat : partons du point où nous en fommes ; & fans préjugés , fans efprit de parti, fans nulle paffion , examinons quelle opinion il feroit utile & fage d'établir & de propager à préfent ; il faut que les gens qui tiennent à l'ancien fyftême , fe difent bien que la révolution eft faite ; il faut que les partifans du nouveau, fe difent & conviennent que l'on a été trop loin. Ce n'eft plus aux têtes chaudes à diriger les opinions ; c'eft aux gens fages, aux véritables amis du bien à s'emparer des efprits. Mais leur tâche eft difficile à remplir ; il eft bien plus facile d'égarer le peuple, que de l'éclairer fur fes véritables intérêts ; *l'influence de l'opinion actuelle, le danger de la choquer , le rapport des opinions particulieres avec l'opinion ds-*

minante , d'après l'intérêt de chacun ;
la maniere d'établir insensiblement les
véritables principes qui doivent dominer ;
tous ces détails doivent être suivis ,
combinés , & calculés , avec autant de
soin que de patience , & d'adresse.

Si l'effervescence françoise , si différentes causes trop longues à déduire , ont
fait passer à l'assemblée nationale le but
qu'elle vouloit atteindre , on ne peut
espérer que ce soit elle qui puisse réparer
les maux (sûrement involontaires) qu'elle
a produits ; il ne seroit peut-être même
pas de sa dignité de revenir sur les
décrets.

Mais une seconde législature peut dans
sa sagesse en examiner l'esprit , les com-
biner & les modifier en raison du bien
général ; pour arriver à ce point , il ne'
faut point de secousse ; elle seroit un
crime. N'oublions jamais que l'on détruit
dans un instant , mais qu'il faut des années pour recréer , sur-tout, quand c'est
un ouvrage aussi difficile , & aussi important. Le tems est un plus grand trésor
que l'on ne pense ; lui seul , sur les
choses les plus intéressantes , est la pierre
de touche de ce qui est bien , de ce qui
est bon, de ce qui est utile. Plus que
jamais, d'ici à quelques années, l'opinion va décider de notre gouvernement,

de notre fort ; en effet, pour le moment les différences des principes, les nuances qui les diftinguent, fe multiplient tous les jours. La liberté d'écrire, de penfer, ouvre un champ fans limite au choc des opinions ; les partis même les plus divifés fe trouvent réunis fur quelques points, les plus unis fe difputent fur d'autres ; aucune bafe n'eft pofée, aucun fyftême n'eft bien établi ; il faudra cependant qu'il y en ait un, auquel le plus grand nombre fe réuniffe ; & ce fera celui qui réglera nos deftinées. *

Quel eft l'être dans ce moment-ci, affez fûr de fon efprit, de fon jugement, pour être convaincu que fon avis, que fon fyftême eft le meilleur ? comment, dans cette foule d'affertions différentes, de principes oppofés, préfenter avec autant d'adreffe que d'éloquence, être fûr de n'avoir aucune verfatilité dans fes opinions ? de n'être pas féduit, de ne pas prendre un moment d'entraînement pour une véritable conviction ? méfions-nous tous de nous-

* La véritable caufe de nos malheurs actuels, eft l'etonnante médiocrité qui égalife tous les individus. Si un homme de génie paroiffoit, il feroit le maître. En général, ce qui empêche les grandes chofes, c'eft que les grands hommes manquent aux grandes circonftances, ou les grandes circonftances aux grands hommes. Certes la circonftance eft belle ; mais je doute que nous foyons à la taillée du moment.

même , mesions-nous de nos paffions, de notre perfonnalité, de nos préjugés; loin de nous aigrir, modérons-nous fans ceffe ; que les plus éclairés cherchent encore des lumieres chez les autres, dif-cutent, examinent leurs opinions, fans les méprifer: que les plus éloquens n'em-ploient leur talent qu'avec cette modef-tie qui apprend fans ceffe à douter. Ah! nous ne fommes plus dans le tems où l'on pouvoit parler indifféremment fur la chofe publique! plus le flotement des opinions eft grand, plus chaque indi-vidu doit craindre de mettre en avant de faux principes ; oui, tout honnête homme doit redouter de faire pencher la balance d'un ou d'autre côté : réflé-chiffons long-tems , avant de chercher des profélytes ; il y a tant de gens foibles! mal inftruits! infoucians fur une caufe auffi grande! craignons de les égarer avec nous. Certes, je fuis convaincu, comme le plus petit nombre, que la monarchie dans toute fa pureté, eft le feul gouvernement qui puiffe convenir à ce pays-ci; qu'une légiflative raffem-blée tous les trois ans, eût fuffi pour voter les impôts, pour arrêter les pro-grès du pouvoir arbitraire ; qu'il faut rendre en entier le pouvoir exécutif au roi, le laiffer le maître abfolu de l'ar-

mée, sur-tout depuis que tous les citoyens étant armés, peuvent, d'un moment à l'autre, présenter une résistance
énergique au retour du despotisme.

Je crois de plus, que si l'assemblée
reste permanente, deux chambres de-
viennent inévitables, par l'essence même
de la monarchie; que quelque nécessité
que l'on trouve à rassembler une autre
législature, il faut que celle-ci finisse
la constitution; qu'en un mot, si le
roi avoit employé d'autres formes dans
sa séance du 23, il avoit accordé &
cédé à la nation tout ce qu'elle pouvoit
désirer pour le bonheur de tous.... Telle
est mon opinion; mais qu'est-ce qui peut
m'assurer que je ne me trompe pas?
j'écoute, je discute avec attention, avec
intérêt, les avis opposés aux miens; que
l'on me prouve que je m'égare, que
l'on parvienne à me convaincre, à l'instant, je sacrifie mon opinion; c'est de
bonne foi que je le jure; puissent tous
mes concitoyens en dire de même, &
le penser *sincerement*.

De l'Imprimerie de VEZARD & LE NORMANT,
rue des Prêtres Saint Germain-l'Auxerrois. 1790.